AUX

ÉLECTEURS

de 1830.

SECONDE ÉDITION.

AVIS

SUR CETTE SECONDE ÉDITION.

Nous avons ouï dire que quelques Libéraux honnêtes ont trouvé quelques-unes de nos expressions un peu vives. Ces personnes n'ont pas lu assez attentivement la note de la page 12 : elles auraient reconnu que nous savons distinguer les hommes égarés des hommes qui ont des desseins coupables. Certainement le plus grand nombre des Libéraux aurait horreur des conséquences de leurs doctrines, si leur esprit fasciné leur permettait de les voir. Nos reproches s'adressent uniquement aux chefs de parti, et nous désirons désabuser leurs disciples trop crédules. Il est incontestable qu'on ne doit pas nommer députés, non-seulement ceux qui veulent franchement une révolution, mais ceux aussi qui favorisent les systèmes capables de la produire. Si les intentions sont différentes, le résultat est le même.

AUX

ÉLECTEURS

de 1830;

Par M. BAUCHERON DE BOISSOUDY AINÉ.

Il est permis sans doute à un électeur, fidèle au Roi et ami de son pays, d'exprimer les sentimens qui l'animent dans les circonstances graves où nous nous trouvons. Les raisons qui nous déterminent à refuser notre vote aux candidats de l'Opposition, nous ont semblé si décisives que nous croyons devoir les proposer à ceux qui, comme nous, participent indirectement à la puissance législative par la nomination des députés. Nous connaissons la malheureuse facilité d'un grand nombre d'électeurs qui, trop empressés de terminer une opération nuisible à leurs affaires, saisissent le premier bulletin que leur présente une main trop officieuse. Que de fois un royaliste, éconduit par un conseiller infidèle, n'a-t-il pas donné sa voix à une cause qui n'était pas la sienne!

Nous osons nous flatter que ces réflexions préviendront quelques-unes de ces erreurs, et préserveront la bonne foi des insinuations de l'intrigue. Cet espoir, nous le fondons uniquement sur la force même de la raison qui semble vouloir enfin relever son empire en France. Réunir dans une même pensée tous les royalistes, retirer du parti libéral les honnêtes gens qui sont dignes d'une meilleure cause, tel est l'unique but de cet écrit. Nous réclamons l'indulgence du lecteur, car nous n'avons pas eu le temps de choisir nos expressions. Nous ne cherchons pas à nous distinguer par l'élégance du style, mais par la vérité des preuves. Si nous devions paraître à un exercice solemnel, nous aimerions à faire briller l'éclat d'une armure polie : le jour d'un combat, on estime surtout les armes fortes et bien trempées.

Posons d'abord la question avec franchise et avec clarté :

Un électeur éclairé peut-il donner sa voix en faveur d'un député qui a voté l'adresse du 18 mars 1830?

Nous vivons dans une monarchie représentative. Le Roi est l'unique souverain : à lui seul appartient l'exécution des lois; mais il exerce la puissance législative collectivement avec les Chambres. Si cette concession est un droit précieux, elle est surtout un devoir inviolable. Elle suppose, il est vrai, la faculté de s'opposer au gouvernement; mais elle renferme l'obligation de concourir, toutes les fois que la sureté de l'État n'est pas en péril. Si les ministres trahissent la légitimité, s'ils attaquent évidemment l'existence de la constitution, les Chambres alors signalent le danger par le refus de leur concours. Le prince ne saurait s'offenser d'une résistance qui prouve le courage et la fidélité.

De leur côté, les Chambres peuvent abuser de leur opposition pour remplir des desseins ambitieux, tenter d'usurper les prérogatives de la couronne et la souveraineté. Dans ce cas elles n'accomplissent pas un devoir, elles n'exercent pas un droit, elles commettent un abus de pouvoir; c'est un forfait politique que la Charte a prévu et que le monarque punit par la dissolution (1). Voilà les principes : examinons les faits.

Lorsque la session fut ouverte par le Roi, le le ministère du 8 août comptait déjà sept mois d'existence. Pendant cet espace de temps il a été constamment assailli par les détracteurs les plus passionnés ; leur rage impuissante n'a pu articuler un grief véritable, et de tant de volumes publiés pour le perdre, on ne saurait exprimer que des injures. Ce ministère, si cruellement diffamé, a-t-il trahi les lois? a-t-il privé illégalement le moindre citoyen de sa liberté? a-t-il même effleuré

(1) Quant à ce qui regarde la Chambre des Députés.

cette liberté de la presse qui le poursuivait à ou-
trance? Il n'a pas donné un seul signe d'impatience,
lorsque toutes les passions coalisées s'efforçaient
de le mettre en colère. De quel crime l'accuserez-
vous donc? Est-ce d'avoir opposé le calme de la
fermeté à des clameurs insultantes? Mais si ce
n'est pas là le caractère de la force et de l'habileté,
à quels traits reconnaîtrons-nous un bon pilote?
Est-ce d'avoir prouvé qu'il est possible de gou-
verner sans l'aide des partis, et que le vaisseau de
l'État sait voguer malgré le souffle des journaux?
Mais cette nouvelle manière de vaincre les rebelles
par le mépris, est une des leçons les plus utiles
que nous ayons reçues depuis que nous jouissons
du gouvernement représentatif. L'accuserez-vous
enfin d'avoir fait mentir tant de sinistres prédic-
tions, qui appelaient sur nous les mesures les plus
rigoureuses? Cependant il est certainement digne
du Conseil d'un grand Roi de cacher ses desseins
aux ennemis de l'ordre public, et de tromper par
sa modération les prévisions de la fureur.

Ici nous nous voyons en quelque sorte contraints
de relever une accusation mille fois victorieuse-
ment réfutée. Elle va frapper si près du trône,
qu'un royaliste ne peut la reproduire sans un mouvement d'indignation. « Quelle confiance, disent
les libéraux, peuvent nous inspirer des hommes
qui se sont montrés dans la Vendée, sur un sol

étranger, dans des rangs ennemis, dont tous les efforts ont eu pour but de rétablir le pouvoir absolu, etc.? » Couvrez-vous d'un voile, téméraires accusateurs. Quoi! vous aussi vous osez rappeler les souvenirs des jours de discorde? Nous pensions que vous aviez un intérêt puissant à respecter le silence que la Charte a imposé à la justice elle-même (1). Cruels! et quelle consolation réserverez-vous aux princes infortunés, si vous transformez en crime le sublime dévouement qui partage volontairement leur disgrâce? Espérez-vous faire mépriser à une nation généreuse ce que tout l'univers admire? Mais, puisque vous avez tant de répugnance pour ces nobles vertus, pourquoi donc avez-vous admis dans vos rangs des hommes qui se rallièrent aussi sous l'étendard royal sur la terre de l'exil? Ah! nous savons enfin à quelles conditions vous vendez votre faveur : vous accueillez les parjures; vous repoussez les fidèles.

Il est incontestable, de l'aveu même des plus grands ennemis du ministère, qu'on ne peut lui reprocher aucun acte inconstitutionnel. La majorité de la Chambre des Députés devait donc lui permettre d'entrer dans la carrière, et de développer ses moyens de gouvernement. Au lieu de suivre

(1) Art. 11. Toutes recherches des opinions et votes émis jusqu'à la restauration sont interdits. Le même oubli est commandé aux tribunaux et aux citoyens.

une marche commandée par la justice et con-seillée par la politique, elle s'est lancée dans la route de la violence et de la témérité; elle n'a pas craint de violer la constitution, d'attaquer les droits sacrés du monarque et de trahir les senti-mens de ses fidèles sujets. Et quel a donc été la cause sérieuse de cette inconcevable conduite? Les députés de l'adresse ont vu une certaine incom-patibilité d'humeur entre la France et le minis-tère, des inquiétudes vagues, une sécurité trou-blée, de sourdes douleurs, en un mot tous les monstres qui se présentent pendant un sommeil pénible, et cette vision les a empêchés de voir qu'ils votaient une adresse séditieuse et commet-taient une faute irréparable. Pour dire les choses avec une entière liberté, ils ont craint de ne pas trouver, dans les actes du ministère, de justes sujets de reproche, d'être contraints par honneur de suivre sa direction, ou de voir l'opinion pu-blique réprouver hautement une opposition tout-à-fait déraisonnable. C'est ce pressentiment qui les a poussés à la violence; et, comme des juges ini-ques et prévenus, ils se sont hâtés de condamner sans entendre. O honte! ils ont relevé le gant traîné dans la fange révolutionnaire et l'ont jeté à la royauté!

Qu'on ne nous accuse pas d'exagération. Nos paroles sont dures, il faut l'avouer, mais elles n'expriment que la vérité. Pour en convaincre le lecteur, il suffira de résumer en quelques articles toutes les choses criminelles qu'on peut relever dans l'adresse.

1°, Attaque directe contre la prérogative royale, et atteinte formelle à la Charte, qui réserve la puissance exécutive au Roi;

2°, Asservissement de l'autorité royale. Si quelqu'un doit être libre en France, c'est sans doute le prince auteur et protecteur de toutes les libertés : or, n'est-ce pas, en quelque sorte, le condamner aux fers, que de lui défendre de régner?

3°, Injustice envers la nation, dont l'adresse dénature les sentimens, suspend la prospérité, menace même l'existence;

4°, Injure solemnelle faite à la majesté du trône;

5°, Enfin, ingratitude inexcusable. Il est bon d'en faire ressortir ici tous les traits odieux. Quel est donc ce prince auquel l'un des premiers corps de l'État n'a pas craint de présenter une adresse empreinte de soupçons et de défiance? Le prince le plus loyal et le plus généreux : un prince dont le caractère est la franchise et la bonté; à qui l'Europe entière ne demanderait qu'une parole pour garantie de ses promesses. Dès le premier jour de son règne, il se jeta sans gardes au milieu de son peuple, heureux de n'être défendu que par l'amour. Il venait, à l'ouverture de la session, de se glorifier hautement de la confiance qu'il inspire : et du sein même d'une assemblée qui a reçu ce touchant témoignage, s'élance une députation de murmurateurs, qui pénètre jusqu'à son trône et lui déclare qu'il est dans l'illusion ! arrachant du fond de son cœur la seule pensée peut-être qui console un bon prince des amertumes de la royauté. Enfin, ce roi bien-aimé a rompu tous les liens de la pensée : et ce n'est pas assez que la presse ingrate ait vomi mille blasphêmes contre son illustre libérateur, il faut encore que le président de la Chambre des Députés lui signifie, dans son palais, le manifeste de la licence ! Certes, c'est bien la démarche la plus audacieuse que puissent faire des hommes qui n'ont d'autres auxiliaires que leurs sophismes, et l'on prévoit jusqu'où seraient allées leurs demandes, si elles eussent été appuyées par quelques bayonnettes. Mais, si les Bourbons, gardant le sceptre de fer laissé par l'usurpateur aux Tuileries, eussent entouré leur trône de crainte et de soldats, où seraient-ils ces hommes que la fermeté du Roi a frappés comme d'un coup de foudre, et qu'un seul regard de majesté a suffi pour humilier et flétrir ? Souvenons-nous que parmi ces députés délicats, qui se trouvent à la gène sous le gouvernement paternel de Charles X, il en est qui ont traîné leur humble obéissance sous les pas d'un despote inflexible, et nous apprécierons leur tendresse pour la liberté !

Les députés de l'adresse ont donc refusé injustement leur concours au gouvernement ; ils ont tenté d'usurper la prérogative royale ; ils se sont rendus indignes et déclarés incapables : un électeur ne peut voter en leur faveur sans se faire leur complice : ce serait river les fers qu'ils ont voulu attacher aux mains du monarque.

Ici, peut-être, quelques personnes indulgentes nous objecteront que plusieurs des députés qui ont voté l'adresse, protestent de la pureté de leurs motifs, et rappellent les garanties nombreuses et éclatantes qu'ils ont données à la légitimité. Et nous aussi, nous aimons à reconnaître leurs titres anciens à la confiance des royalistes : mais des services passés excusent-ils une infidélité présente ? Si ce n'est pas l'ambition qui les aveugle, ni le ressentiment qui les égare, il faut avouer qu'ils ne suivent pas, dans leurs jugemens, les règles les plus communes de la raison. Cette vérité est si évidente, qu'un enfant même en ferait la preuve. Voyez, en effet, quelles acceptions ils attribuent aux expressions dont le sens est le mieux défini. Vous croyez que *concourir* signifie s'unir au Roi pour faire le bonheur de la France ? point du tout : cela veut dire, imposer sa volonté au prince. Vous pensez que la Charte réserve au monarque le droit de choisir ses ministres parmi ses fidèles, les hommes de sa confiance ? c'est une erreur : le Roi doit accepter pour ses confidens intimes des hommes qui n'ont que de la répugnance pour lui, des hommes même qui l'ont trahi. Par une interprétation aussi heureuse, exercer collectivement la puissance législative, c'est faire la loi tout seul. Tel est le sens exquis de l'adresse. Évidemment, des députés qui entendent si mal leur langue maternelle, n'ont pas un esprit bien juste, ni, peut-être, un cœur bien français : et vous voudriez en faire des législateurs (1)!

Désirez-vous encore une preuve de l'indignité des candidats du libéralisme et de la défection ? Qu'est-ce qu'un député loyal et fidèle ? c'est un homme ami de la dynastie et des lois, un homme d'un cœur ferme, d'une ame élevée, dont les principes sont monarchiques, dont toute l'ambition est de seconder les desseins d'un gouvernement paternel : c'est un homme, enfin, qui sait vaincre l'injustice, et sacrifier le ressentiment le plus légitime, lorsque l'honneur et l'intérêt de l'État le commandent. Tel est le portrait d'un loyal député : rapprochez-le des députés de l'adresse, il n'y a pas

(1) Il est possible que quelques-uns des députés qui ont voté l'adresse, aient cru faire une chose licite, et peut-être même remplir un devoir. Ceux-ci sont plus à plaindre qu'à blâmer. Mais les royalistes ne sauraient confier de nouveau leurs intérêts à des hommes capables de donner dans des erreurs si funestes. C'est leur rendre un véritable service que de leur permettre de pratiquer leurs vertus modestes au sein de leurs familles.

de ressemblance : donc...., il n'est pas nécessaire d'avoir fait un cours de logique pour tirer la conséquence.

La question est donc résolue ; les faits sont prouvés. Les députés de l'adresse n'entendent rien aux principes de notre droit public ; ils ont manqué essentiellement à leur devoir : ce n'est pas le ministère qu'ils ont attaqué, c'est la royauté. Aussi ce n'est pas pour consulter la France, mais pour l'instruire, que Charles X a rendu l'ordonnance de dissolution. Cette ordonnance est un arrêt qui traduit les députés coupables devant les colléges électoraux. Non, ce ne sera pas en vain que le Roi aura demandé au peuple, dont il est chéri, la réparation de l'injure faite à sa majesté. La France, vive, légère, impatiente, est facile à égarer : elle aime à guerroyer les ministres, mais son ressentiment expire sur les marches du trône. Lorsqu'elle voit les traits de la haine se diriger contre son prince, pleine du sentiment de son amour, elle s'indigne de l'audace des méchans qui la soupçonnent de parricide. Fatiguée de combattre sans gloire des ombres et des fantômes, elle demande des ennemis plus dignes de sa vengeance : ils viennent de se livrer à son ressentiment ; ce sont les ennemis de la prospérité publique et de la sagesse de nos institutions ; les ennemis de la grandeur du trône et de la félicité du peuple. Il n'est pas possible qu'une nation douce, spirituelle et sensible se laisse plus long-temps abuser par des hommes ambitieux, systématiques et chagrins, et qu'elle repousse toujours le sentiment de son bonheur. Semblable à un malade imaginaire dégoûté de son régime, elle congédiera les médecins qui spéculent sur ses souffrances, et se confiera à sa vigueur naturelle.

La France aspire à fournir librement la noble carrière ouverte par ses rois : c'est en s'unissant à son prince qu'elle rompra tous les obstacles qui s'opposent au développement de sa force et de sa prospérité. C'est en répudiant les doctrines du libéralisme qu'elle sortira de cet état d'inquiétude et d'irritation, si peu conforme à la douceur de ses mœurs, et à l'aménité de son caractère. Elle n'entend rien à ces théories insensées, qui font du monarque une idole inanimée. Elle ne peut souffrir que l'on remette sans cesse en question les principes de son droit public, dont Louis XVIII a placé les bases dans son ouvrage immortel. Elle veut que son roi soit grand, parce que cette grandeur rejaillit sur elle ; qu'il soit puissant, parce que cette force est la sûreté de l'État ; qu'il soit heureux et libre, parce qu'elle l'aime.

Rallions-nous donc, électeurs amis de la monarchie, et ne résistons pas au mouvement généreux qui ramène les esprits vers le bien. Partageons, avec notre bien-aimé souverain, la gloire de sauver l'État et de prévenir le retour de l'anarchie. Nos pères nous crient, du fond de leur tombeau, de profiter de leurs malheurs, et nos enfans nous conjurent d'assurer leur avenir. N'écoutons aucune considération d'amour-propre, d'estime personnelle, d'affection particulière. Il est, au fond de tout cœur français, un sentiment qui domine les autres, l'amour de la patrie. Si nous en suivons l'impulsion, notre députation sera comme une nouvelle adresse, qui réformera tout ce que la première a d'odieux et de coupable : nous présenterons au Roi des hommes dignes de comprendre sa bonté et de seconder sa sagesse. Charles X a déclaré la guerre à toutes les puissances barbaresques : il a droit de compter sur plus d'une victoire. Tandis que la valeur de nos soldats assurera au dehors la liberté de notre commerce, et purgera les mers des incursions des forbans, les électeurs, armés de la raison et de l'expérience, feront une guerre implacable aux ennemis de l'intérieur, et forceront à rentrer dans leurs retraites les jaloux de la France et les contempteurs de son roi. Alors, sur les ruines d'Alger et de la révolution, la victoire et la paix répéteront à l'envi : *vive le Roi!* car le Roi sera libre et la France vengée.

Nota. On entend souvent des électeurs faire ce raisonnement spécieux : « M. un tel est un homme fortuné, probe, heureux,

» bienfaisant : il ne peut vouloir une révolution, dont il serait le » premier la victime. » Électeurs trop peu éclairés ! vous ignorez toutes les choses insensées que rève un esprit orgueilleux. Sans doute votre candidat ne désire pas une révolution violente, mais il espère amener une révolution toute bénigne, qui le placera au faîte des honneurs, sans que le sommeil de son voisin en soit même troublé. Les choses se passeraient de la manière la plus agréable du monde. Les Bourbons s'exileraient sans opposer la moindre résistance : tous leurs défenseurs disparaîtraient comme par enchantement; à l'exception peut-être du Grand-Maître des cérémonies, qui resterait pour montrer à ces Messieurs les usages, et procéder à leur installation. Voilà comme se font les révolutions dans certaines imaginations libérales. Mais nous, qui avons payé les frais de quelques petits essais en ce genre, nous ne nommerons pas pour députés des hommes qui veulent faire des expériences si coûteuses.

D'autres électeurs allèguent une raison de sentiment. « Le » candidat libéral leur a rendu d'importans services; ils ne » sauraient leur refuser leur vote. » Mais le gouvernement, qui les protége, a encore plus de droits à votre amour : de grâce, soyez justes envers lui avant d'être généreux à l'égard de votre bienfaiteur, et n'obligez pas la France à acquitter la dette de votre reconnaissance. Enfin, si vous vous croyez engagés à témoigner au candidat de l'Opposition votre gratitude, vous ne pouvez lui donner une preuve plus solide d'une amitié sage et désintéressée, qu'en lui refusant votre voix; car ainsi vous l'empêcherez de commettre de nouvelles fautes très-préjudiciables à son honneur.

ORLÉANS. — IMPRIMERIE D'ALEX. JACOB.